Paul Schallweg
Vom Fliagadn Holländer zum Lohengrin
von Wolfratshausen
Opern auf bayrisch

Ein Band der Reihe
»Rosenheimer Raritäten«

rosenheimer
raritäten

Paul Schallweg

Vom Fliagadn Holländer zum Lohengrin von Wolfratshausen

Opern auf bayrisch

Mit Zeichnungen von
Dieter Olaf Klama

Rosenheimer

Inhalt

Vorliegende Opernballaden wollen nicht nur dem Leser im stillen Kämmerlein Vergnügen bereiten, sondern eignen sich auch, wie es der Verfasser schon mehrmals erleben durfte, zum Vortrag in fröhlicher Gesellschaft, der musikalisch untermalt werden kann. Sie sind in Münchner Mundart geschrieben, wobei zum leichteren Verständnis die Schreibweise, soweit es nötig schien, der der Hochsprache angenähert erscheint (z. B. »siebn« statt »siem«, »hörn« statt »hean«).

Der Fliagade Holländer

oder

Wia de Zenze von Leoni durch ihran Opfertod
an Seefahrer aus der Verdammnis grett' hat.
(Frei nach der Oper von Richard Wagner)

(Musik-Vorspiel)

Einleitung

Des sell is de Gschicht von dem Holländer-Schiff,
für Leut, de zur See fahrn, a fester Begriff:
A Mo hat aso lang Schifferl fahrn gmüaßt,
bis daß er a ganz schwaare Sünd hat verbüaßt.

Und was er verbrocha hat, woaß ma net gnau,
auf jedn Foi hat's ebbas z'doan mitra Frau.
Und seit der Zeit muaß er bei Tag und bei Nacht
am Wasser fahrn, wenn's no so donnert und kracht.

Nur alle siebn Jahr grad, do derfas probiern,
ob er aufm Land findt a kreuzbrave Dirn,
de wo für eahm opfert ihrn Leib und ihr Lebn;
des daat eahm an ewign Friedn na gebn.

In welchera Gegnd de Gschicht is passiert,
i glaab, daß euch des net so arg intressiert.
Doch damit's a jeder kann besser versteh,
verlegn'ma des ganze an Starnberger See.

7

Der Holländer geistert grad so umanand
von Tutzing nach Starnberg und Ammerland.
Bei Feldafing, do hat man aa scho gsehng,
dann schiaßt er glei wieder ganz wuid und verwegn
zur Südspitzn owe und dann nach Bernriad.
D' Matrosn, de singa a schauerlichs Liad.
Und Augn habns ghabt grad wia zwoa Knödl so groß,
und d' Händ warn verschmiert mitra bluatign Soß;
as Gsicht war so weiß wie a frisch gfoina Schnee,
und gstöhnt habns, daß z'hörn war bis weit übern See.

(Kurze, schauerliche Zwischenmusik)

A Fischer, der is mit seim Kahn
an Holländer in Weg neigfahrn,
hat gmoant, jetzt schlagt sei letzte Stund
und glaabt se scho maustot am Grund –
do siecht er obn a wachsans Gsicht,
hört schrein: »He, Fischer, weißt du nicht,
wo da am See a Jungfrau wohnt?
Sag mir's, dann wirst du reich belohnt!«

Der Fischer, der duat damisch schaugn.
»A Jungfrau, gäi, des daat dir taugn!
Woaßt, Madln wüßt i ja grad gnua
von Seeshaupt bis auf Starnberg zua,
mit Jungfraun aber – da beißt's aus,
da woaß ma hoit nix so Genaus;
des werd net aufgschriebn, net verbuacht
und neamd is do, der's untersuacht.
Und was i so persönlich kenn –
sans alle höchstns vorher gwen.«

8

Der Fischer war no net am End,
do habn d' Matrosn gschrian und gstöhnt
und san mit einem Höllenzahn
in Richtung Ambach weitergfahrn.

(Ein paar Takte furiose Zwischenmusik)

Und schließlich kummt der Tag, an dem
siebn Jahr san wieder umagwen.
Der Holländer, der reißt se zamm,
d' Matrosn stehna alle stramm
und glotzn mit ihrn Geistergfrieß,
wia er vom Schiff roganga is.
Damit d' Erlösungsstunde schlagt,
steigt er z' Leoni aus und sagt:

»Vorbei san wieder sieben Jahr,
wann werd der Blädsinn endlich gar?
Des Geisterlebn, des is barbarisch,
a Wei muaß her, sonst wer' i narrisch!«

As Ufer liegt no in der Ruah,
es war um siebne in der Fruah.
Nur grad der Schiffsbesitzer Beer
kummt aufm Weg zum See daher.

»Scho in der Fruah a Wei wuist habn? –
Bist guat beinand, des muaß i sagn!
Jetzt geht ma doch der Arwad nach
und denkt net an a soiche Sach!«

Da hat der ander eahm erklärt,
was er für Weiberleut begehrt:

A Jungfrau braucht er, brav und fei,
mit guatm Herz; schee brauchts net sei –
bloß muaß' hoit alles für eahm gebn,
was' hat, ihrn Leib, ihr junges Lebn.

»Do werst di hart doa«, sagt der oa,
»denn Jungfraun gibt's z' Leoni koa.
Natürle woaß i des net gwiß,
es kunnt aa sei, daß' anders is.
Auf jedn Foi, mei liaber Mo,
wennst d' Zenze nimmst, bist net schlecht dro.
Die Zenta, was mei Tochter is,
i buid mir ei, de mag di gwiß.
Sie spinnt zwar an an Jaager hi,
doch is des net der recht für sie.
Du bist a gstandner Mo mit Pfiff
und außerdem hast du a Schiff,
wenn's aa verdreckt is und verrost,
des richt'ma zamm, ganz wurscht, was' kost.
Nur grad dei Gsicht – des duat ma load –
schaugt boanan außer ausm Pfoad.
Wenn i des siech, kummt ma der Graus,
doch d' Zenta fuattert de scho raus.
Und des mitn Lebn higebn – o mei –,
des werd scho net so ernst gmoant sei . . .
Mit meiner Zenze, do bist' gricht!
Oisdann, was is? – Pack's o de Gschicht!«

(Einschmeichelnde Musik)

2. Akt

So san de zwoa na losmarschiert,
der Holländer ganz kuraschiert;
sei Sehnsucht, de hat kennt koa Grenze,
ganz zapplad war er nach der Zenze.
Und wias dann gwen san vor dem Haus,
schaugt d' Tochter grad zur Haustür raus.

»He, Zenta, kimm moi zuawe do,
i bring dir do an gstandna Mo!
I moa, des waar für di der recht;
er hat a Schiff, weswegn i möcht,
daß du ihn heiratst möglichst boid.
Des derfst ma glaabn: mit dem bist gstäit.
Guat gwachsn is er aa, des siahgst,
derfst froh sei, wennst an soichan kriagst.
Sei nett zu eahm! Und hör auf mi:
Stell eahm a guate Brotzeit hi
und dua aa sonst ois, was er möcht,
i glaab, dann werd de Gschicht scho recht.
Und siecht er 's Hoiz vor deiner Hüttn,
dann laßt er se eh net lang bittn.
I selbn hab no verschiednes z'doa,
drum laß i euch a weng alloa.«

Wia na der Vater furt gwen is,
war d' Zenze ihrer Sach scho gwiß.
Sie hat ihrn Gast ins Haus neigführt
und recht verliabt mit eahm dischkriert,
hat eahm a guate Brotzeit gricht,
Kaas, Butter, Oar an Tisch higschlicht,
a Bauernbrot und Gsäichts grad gnua,
a Glasl Zwetschgnschnaps dazua.

Der Holländer hat ois verdruckt
und zwoa Maß Bier no nachegschluckt.
Dann hat er gsagt: »Was dean'ma jetzt?«
und hat se nah zu ihr higsetzt.

Von da ab schweigt des Dichters Feder.
Was weiter war, des woaß a jeder.
Der Holländer hat's gaach opackt.
Damit is aus der zwoate Akt.

(Verliebt-lustige Zwischenmusik)

3. Akt

Der dritte Akt spuit fünf Tag später,
z' Leoni hat's längst gwußt a jeder,
daß d' Zenta einen Mo busssiert
und sich vor neamand net scheniert,
wos doch verlobt is scho seit langem
mit einem Jaager drübn aus Wangen!
Doch der is plötzlich Luft für sie,
sie schmeißt se an den andern hi,
der wo für sie doch koa Verkehr is;
koa Mensch woaß, wo der Kerl bloß her is.
Und ausschaugn duat er, so a Jammer,
pfeigrad ois wia der Boanlkramer.

Die Zenze und ihr neuer Freund
warn fünf Tag inniglich vereint.
Dann hat er gsagt: »Mei, jetzt werd's Zeit,
daß i moi schaug nach meine Leut.

Pfüa Gott, liabs Madl, sei net zwider,
morgn in der Fruah, do kimm i wieder.«

Der Tag is langsam owegsunka,
glüahrot is d' Sonn im See dertrunka,
und d' Zenze sitzt dahoam alloa
und denkt se: ›Mei, was soi i doa?
Wenn er iatz nimmer kimmt der Mo,
na dua i mir pfeigrad was o.‹
Und wia's na finster gwen is drauß,
hats gsagt: »Jetzt hoit i's nimmer aus!«
und is dann aufm schnellstn Weg
an See zuagrennt zum Dampfersteg.
Zehn Meter wars no weg vom See,
do bleibts auf oamoi kaasbleich steh.
Tiaf bis ins Herz nei is derschrocka,
denn vor ihr steht a Riesnbrocka
von an Mo, dens glei erkennt;
der Jaager war's aus Wangen drent.

Und wie a Ungewitter tobt er,
der Jaager Erich, ihr Verlobter:
»Hab i di jetzt derwischt, du Luader,
wiast nachrennst diesem wüastn Bruader!
Mit dem werd's nix, des kannst dir merka,
und außerdem bin i der stärker!
Den Kerl, den kriag i scho in Griff
und haun zum Deife samt sein Schiff!
Des oamoi no verzeih i dir,
doch auf der Stäi gehst jetzt mit mir!«
Dann sagt er no mit woacher Stimm:
»Geh, Zenze, sei doch gscheit und kimm
doch zu mir zruck, du bist mei ois . . .«
und legt sein Arm um ihren Hois,

druckt ihr mit Gwoit a Bußl nauf
– und damit nimmt de Gschicht ihrn Lauf . . .

(Ein paar Takte wilde Musik)

Vom Schiff her tönt a hohler Schrei:
»Verrat, Verrat – ois is vorbei!«
Der Holländer hat alles gsehng,
wia sie in seine Arm is glegn.
»I bin verkaaft, do gibt's koan Zweife!«
schreit er und fluacht ois wia der Deife.

Der Wind hat in de Segl pfiffa,
der Steuermo hat 's Radl griffa,
vom Himme is a Blitz rogfahrn,
d' Matrosn, de san grennt wia d' Narrn,
dann no a Schroa, a greller Pfiff –
und scho fahrt's weg, des Geisterschiff.

Wia d' Zenze siehgt, was is passiert,
hat's ihr glei fürchterlich pressiert,
reißt se vom Jaager weg mit Gwoit,
rennt hi zum Ufer ohne Hoit
und stürzt se – wia kann's anders sei –
pfeigrad ins koide Wasser nei
und schwimmt und schwimmt aufs Schiff grad zua;
der Jaager schreit no: »Bläde Kuah!«
Doch d' Zenze, de is net zum hoitn,
hat okämpft gegen Sturm und Koitn,
hat gschnauft und gschluckt und Wasser gspiebn,
aber dann hats wieder d' Liab otriebn.
Doch wias a guats Stück draußn war,
do war ihr Kraft allmählich gar.

Zerst hats no do an Schroa an langa –
und dann is' langsam unterganga.
Nur Blasn san no aufagstiegn,
sie selbn is unt im Wasser bliebn.

's war übrigens net weit von do,
wo gstorbn is aa der Ludwig zwo.

(Ein paar Takte tragische Musik,
endend mit einem Pauken-(Trommel-)Schlag)

Doch dann – im nächstn Augenblick –
beginnt des Wunder in dem Stück.

Die Sonne in die Nacht einbricht,
der See erstrahlt in hellem Licht,
die Vögel in den Lüften singen,
aus München alle Glocken klingen.

Die Berge leuchten blau und grün,
der Enzian fängt an zu blühn,
das Edelweiß leucht' in den Scharten
viel schöner wie auf Ansichtskarten.

Die Sennerinnen jodeln munter,
der Hüterbub springt rauf und runter,
die Gamserl stehn am Fels verzückt,
der Wandrer zu den Gipfeln blickt.

Hoch oben schönstes Alpenglühn,
wo Adler durch die Lüfte ziehn,
der Hirsch röhrt laut im Silberwald
und überm Berg das Alphorn schallt.

Die Kammerfensterl tun sich auf,
der Loisl steigt zum Lisei 'nauf,
der Franzl kraxlt zur Kathrein,
die Vroni läßt den Beni ein.

In Tutzing singt ein G'sangsverein
das Lied vom Wildschütz Jennerwein.
Ein Wilderer schleicht durch das Ried,
der Föhnwind singt ein Liebeslied.

Die Almen atmen Blumenduft,
und Schützen ballern in die Luft,
zu frohem Klarinettenschall
wird schuhgeplattlt überall.

Und so erstrahlt zum Hochgenuß
mit Rosa-Limonaden-Guß
von München her bis nach Lenggries
das ganze »Bayrisch Paradies«!

Und in den Wolken wunderbar
sieht man das nun erlöste Paar:
In Dirndlkleid und Lederhose
– in edler Richard-Wagner-Pose –
durchschweben sie des Diesseits Grenze:

der Holländer mit seiner Zenze.

Tristan und Isolde

A Liabstragödie mit Wuiderer-Einlag
(Frei nach der Oper von Richard Wagner)

(Lustiges Musik-Vorspiel)

1. Akt

Blau wia der Himme überm Land,
grau wia de oide Kampnwand,
grea wia de Wiesn umadum,
so liegt der Chiemsee, naß und stumm.

A leichter Wind geht drüber her
und streichlt sanft des »Bayrisch Meer«.
A Kahn, der drauß am Weitsee schwimmt,
schee staad auf Chieming zuawekimmt.

Der Tristan sitzt am oana End,
an Steuerboikn in de Händ.
Er hat a wengerl deppad gschaugt,
des Gschäft, des hat eahm net recht taugt.
Ois Hochzeitslader soitat er
a Weiberleut vo Rimsting her
nach Chieming nüberfahrn, do wo
sei Onkel wart', derselbig Mo,
der Marke hoaßt und Kinder möcht,
damit net ausstirbt sei Geschlecht.

Der Marke war a guate Haut,
bloß hat er se ums Lebn nix traut;
statt daß er selbn nach Rimsting fahrt
und sich an Hochzeitslader spart,
hat er sein Neffn recht schee bitt:
»Geh, fahr ma nüber und brings mit!«

Und ganz weit drübn am andern Spitz
do hat d' Isolde ihran Sitz.

Ein süaßes Trutscherl, ohne Frag,
bloß hat's a Wuat ghabt an dem Tag.

✻

Der Grund dafür liegt zwoa Jahr zruck.
Mit einem Gastwirt aus Seebruck
war sie verlobt scho lange Zeit,
und der hat ghabt sei höchste Freud,
wenn er am Fuaß der Kampnwand,
bei Hohenaschau umanand,
auf Hirsch und Gamsn gwuidert hat,
bis daß auf so an spitzn Grat,
wo's links und rechts steil owegeht,
der Jaager Tristan vor eahm steht
und er grad aus der Schartn kimmt
mit einem Bock am Buckl hint.

Der Tristan schreit: »Schmeiß weg dei Gwahr!«
Der ander sagt: »Is eh koa Gfahr,
es is net gladn, do kannstas habn!«
und hat's eahm aufn Schädl gschlagn.

Der Tristan hat no abdruckt schnell.
Der Wuiderer foit auf der Stell
auf d' Felsn hi und hoit si net,
stürzt links, wo's ganz gaach owegeht
a fuchzig Meter tiaf ins Kar,
wo nix wia harter Stoabodn war.
Und wennan 's Gwand net zammahoit,
wia er do auf den Stoa hifoit,   21
dann waar er ausanandergspritzt,
daß 's Zammakratzn nix mehr nützt.

Der Tristan hat mit letzter Kraft
den Weg zur Hüttn grad no gschafft,
wo sie, d' Isolde, Sennrin war.
Und voi Erbarmnis ganz und gar
hats oglegt eahm an Kopfverband
und gsagt, daß er guat dobleibn kannt,
hat eahm an Schmarrn mit Weinbeerl gmacht
und eahm a Bettstatt gricht' für d' Nacht.

»A Wuiderer, den i net kenn,
hat mir den Schlag an Schädl gebn!
Wennst nüberschaugst ins Bründlkar,
na siehgst es, was für Kerl des war.«,
sagt er zu ihr und sie nickt stumm,
rennt glei drauf über d' Wiesn num
und steigt ins Kar und geht zur Wand
und kenntn glei am ganzn Gwand;
fünf Meter weg sei greaner Huat
– er selbn liegt da in seinem Bluat:
der Morolt, was ihr Gschpusi is.
Und wer ihn umbracht hat, is gwiß,
denn bei de bluatverschmiertn Haar
auf seiner Brust da siehgt ma klar,
daß eahm der andre drobn am Grat
pfeigrad ins Herz neigschossn hat.

D' Isolde laaft zur Hüttn zruck,
reißt auf de Tür mit einem Ruck
und nimmt a Messer in de Händ –
der Tristan liegt im Bett und stöhnt.
Sie schreit: »Du hast mein Schatz ermordt!
Des büaßt du mir und zwar sofort!«
Scho is ihr Messer ganz nah dro –
da reißt er d' Augn auf und schaugts o,

aso vui liab, aso vui warm
in seiner Not, daß Gott erbarm.
»I ko do nix dafür, verzeih,
i schwör dir ewig Dank und Treu,
wenn du mir laßt mei junges Lebn!«
Des hat ihrm Herz an Stesser gebn.
Hat 's Messer aufn Tisch higlegt
und dann no seine Wundn pflegt.
Legt eahm a Efeublatt aufs Hirn:
»Des duat da guat, glei werstas spürn!«
Und kocht eahm no an Wurzltee:
»Den drinkst, na duat's da nimmer weh!«
und geht in d' Kammer nebno,
wos lang koan Schlaf net findn ko.
›Den Blick‹, hats denkt, ›vergiß i nia!‹
Am andern Tag in aller Früah
wias aufwacht, war er hoamle fort.
Koa Pfüa-de-Gott, koa Dankeswort,
koa Zettl is am Tisch dortglegn –
und seitdem hats'n nimmer gsehng.

Doch d' Liab, de brennt und laßts net aus,
und oft stehts vor der Hüttn drauß,
schaugt über d' Alm und wart auf eahm;
diamoi hats denkt, sie müaßat sterbn.
De Einsamkeit hats schier derdruckt,
drum is' aa boid nach Rimsting zruck
zu ihrer Muatter. De hat gmoant,
daß sie dem andern nachewoant,
der in de Berg drin abgstürzt is.
»Isolde, schau, des sell is gwiß,
a Wuiderer is nix für di!
I wüßt an andern, horch auf mi:
An Marke nimmst vo Chieming drent,

der wia der Zunder nach dir brennt!
Der hat a Haus, schier wia a Schloß,
vui Grund und Viech, a sechs, acht Roß!
Fahrt mitra Kutschn übers Land!
Der kaaft dir ois an Schmuck und Gwand!
Eahm selbn kriagst aa ganz schnell in Griff.
Sei Neffe hoit di heut mitn Schiff.
Pack zamm dei Zeug und ziahg di o,
sonst kimmst du niamois zu an Mo!«

*

Jetzt fahrt der Kahn weit drauß am See.
D' Isolde moant, sie müaßt vergeh;
wias gsehng hat, wer der Neffe is,
do gibt's ihrm Herzn einen Riß,
und wenn d' Brangäne sie net schupft,
waars um aa Haar in See neighupft
vor lauter Gram und lauter Wuat.
»Brangäne«, sagts, »des geht net guat!
I hoit's net aus, i bring mi um!
Geh, lang ma doch des Kastl rum,
do wo de Flascherl drinna san,
a Schlückerl richt' mi wieder zamm.
A dunklroter Saft müaßt's sei,
den giaßt ma in a Glasl ei.«

D' Brangäne is ihr Freundin gwen.
Sie woit net, daß des junge Lebn
zwengs so an Blädsinn geht zugrund
und langt ins Kastl bis an Grund
und siehgt an himbeerrotn Saft
– »Stärkt Minnelust und Liebeskraft«

steht außen drauf in roter Schrift –
und denkt, des is bestimmt koa Gift,
und siehgt net, wia des hoit so geht,
daß untn kloa »platonisch« steht.

D' Brangäne nimmt a Glas in d' Hand,
giaßt's voi bis aufe fast zum Rand
und gibt's dann der Isolde hi
und sagt: »I mach ma Sorgn um di!
Da, nimm's, des geht sofort ins Bluat,
a zwoa, drei Schluck, und ois is guat.«

D' Isolde nimmt des Glas entgegn
– sie war erregt, des hat ma gsehng –,
weils moant, des waar der Todestrank,
der alles auslöscht, Gott sei Dank!
Sie geht damit zum Tristan hi
und sagt: »Da nimm's, des is für di!
Werst gwiß an Durst habn, oder net?
Du woaßt, was zwischn uns zwoa steht!
Des schwoam'ma owe, bist dafür?
Z'erst du an Schluck, na gibstas mir,
und wenn ma oi zwoa trunka habn,
na is a Fried in Gottes Nam.«

Er nimmt's, ois waar's a Hoibe Bier,
trinkt d' Hälfte aus und gibt's dann ihr,
sie schluckt an Rest, schmeißt 's Glas in See
– und dann verändern sie sich jäh.

»Ich liebe dich! Liebst du auch mich?«
schreit er und is ganz außer sich.
»Mein Geist erbebt im süßen Wahn!
Welch edles Weib trägt dieser Kahn!

Ich wähnte dich mir abgeneigt,
doch diese hehre Stunde zeigt,
welch wonnevolle Liebeslust
erglüht in deiner süßen Brust!
Dein Geist umfängt mein bebend Herz.
O, dunklen Wähnens herber Schmerz
entfleucht wie letztes Sturmeswehn.
O zage Brust, kannst du verstehn,
welch sehnend Ahnen dir sich beut?
Nicht irdisch mehr dünkt mich die Freud!
O süßer Wahn so wonniglich!
Was wähnest du, Isolde, sprich!«

In sie is grad so einegfahrn,
glei dampft hats in ihrn Liebeswahn.

»Ich wähne, edler Tristan mein,
die Stunde muß Erfüllung sein!
Vergessen aller Streit und Schmerz,
nur Wahnfried noch erfüllt mein Herz!
Mein Busen bebt für dich allein,
für immer und auf ewig dein!
O süßer Wahn so wunderhehr,
mein Herz versinkt im Liebesmeer.
O wonnetrunknes Beben du,
gibst meiner Seele sanfte Ruh.
Mein teurer Tristan, trauter Held,
dein liebend Herz den Tag erhellt!
O Wahn, der in den Herzen brennt,
kein zager Zweifel uns mehr trennt!
O selge Fracht in diesem Kahn!
O inbrunstsüßer Wunderwahn!
Ihr wanderwunden Füße mein,
ihr seid am Ziel, nun bin ich sein!«

28

Der Ruaderknecht auf seiner Bank
sagt: »Jetzt sans ferte, Gott sei Dank!
I kanntat's nimmer lang dertragn,
daat boid statt ›Chiemsee‹ ›Wahnsee‹ sagn.«
Dann nimmt er d' Fahrt a wengerl weg,
as Schiff legt o am Dampfersteg.

Damit is aus de Überfahrt;
der Marke steht scho do und wart'.
Er nimmt d' Isolde bei de Händ
und sagt: »I hätt di fast net kennt!
A wengerl blaß schaugst aus im Gsicht.
Dahoam werd glei was z' Essn gricht,
was für an guatn Einstand braucht.
De lange Fahrt, de hat di gschlaucht!
Kumm Madl, steig in d' Kutschn ei,
de andern Leut fahrn hinterdrei.
Des werd der höchste Einstand heut!
Ja weilst no da bist, so a Freud!«

(Lustiges Zwischenspiel der Musik)

2. Akt

So uma drei in aller Früah,
do reit' der Marke ins Revier.
Ma woaß ja, wia's de Jaager treibn,
wenn Schußzeit is, wui koaner bleibn.
Habns aa as höchste Wei im Haus,
a Hirsch wenn gmeldt is, druckt ses naus.

Wia's is dann fünfe in der Fruah
– in Chieming herrscht no tiafe Ruah,
der Mond steht überm Geiglstoa,
er is scho ziemle blaß und kloa,
und hinterm Untersberg werd's liacht,
weil d' Sonna langsam aufakriacht –,
do rührt se ebbas drin im Haus,
de Tür geht auf, jetzt kimmt wer raus.
O voller Liebreiz ist die Maid
in ihrem himbeerroten Kleid,
Isolde, tugendhaft und schön!
Ihr Busen bebt in süßen Wehn.
Im Haar ein Zweiglein Rosmarin,
sie geht nicht, nein, sie schwebt dahin!
Sie rafft den Traum von einem Kleid
und eilt zum Zaun; jetzt ist es Zeit,
zu löschen jener Fackel Licht,
auf daß die süße Stund anbricht.
Dem Liebsten soll's ein Zeichen sein:
O Tristan, komm, die Luft ist rein!
Schnell ist die Flamme ausgemacht.
O sink hernieder, Liebesnacht!

»O wonnehehrste aller Fraun!«
haucht er und hupft glei übern Zaun.
»Isolde, mir gehörst du, mir!«
Jetzt steht er aa scho neben ihr.
»Dein Geist, dein Angesicht, dein Haar,
dein Wesen dünkt mich wunderbar!
Ich wähnte dich im Garten hier,
der süße Wahn trieb mich zu dir!
Was gibt es, was zurück mich hält?
Nichts, trautes Herz, nichts auf der Welt!
O Wonnestrahlen selgen Lichts,

nichts kann die Lieb ersticken, nichts!
So find ich wähnend dich am Zaun,
du wonniglichste aller Fraun!
Mein Herz erbebt in süßen Wehn,
komm, laß uns zur Terrasse gehn!«

Auf einer Bank aus Birkenäst
sans zwoa Stund beianander gwest.
Z'erst wähnt sie hi, dann wähnt er her,
dann nomoi sie und wieder er,
dann wähnens gleicherzeit mitnand,
dann hascht er gar nach ihrer Hand,
nur grad die Hand, koa bisserl mehr,
– des is platonischer Verkehr.

Und nach zwoa Stund habns endlich gspürt,
daß eahna recht – am Hintern friert.
(So Hämoridn san koa Gspaß!)
»Isolde, komm, die Bank ist naß!
Dein Kleid ist dünn, dein Arm ist bloß«,
sagt er und nimmt sie auf sein Schoß.

In dem Moment is Lärm und Krach
und jemand schreit: »Welch eine Schmach!«
Die Jagd is aus scho vor der Zeit,
ums Eck rum kimmt a Haufn Leut.
Der Marke steht zu Stoa erstarrt
und stöhnt: »Mir bleibt doch nix derspart!«
Sei Freund, der Melot, ringt nach Luft
und schreit: »Do schaugnan o, den Schuft!
Wer denkt, daß wennst du gehst auf d' Jagd,
bei deiner Braut a andrer flackt!«   31
Scho fahrt sei Hand ans Messer hi:
»Wennst du nix machst, derstichn i!«

Der Tristan hebt sich von der Bank.
»Isolde, Liebste du, hab Dank!
O holder Wahn, o selge Lust!«
– da fahrt eahm 's Messer nei in d' Brust.

Doch zammabrocha is er net.
De Leut sehng, wiara wegageht;
a wengerl schwankend war sei Gang
zum Gartntürl an Weg entlang,
der wo zum See hat owegführt.
Neamd hat was gsagt, neamd hat se grührt.
Oisam habns denkt, der kimmt net weit,
hat grad no Zeit für Reu und Leid,
glei bricht er zamm, glei werd was gschehng
– auf oamoi habns'n nimmer gsehng.

D' Isolde haucht: »Geliebter mein!
Dein bin ich ewig, ewig dein!«
Na duats an langa, langa Schroa
und foit bewußtlos aufn Stoa.

(Traurige Musik)

3. Akt

Und wieder geht a Tag zu End.
Des rote Sonnaliacht verbrennt,
a letzte Gluat foit auf d' Hochriß,
bis daß aa de verblicha is.
De Waarm vom Tag is im Vergeh,
a koider Wind streicht übern See.

Auf Herrenchiemsee liegt am Strand
glei neban' Schuif im trockna Sand,
a Mo und über eahm a Wei,
und sie redt dauernd auf eahm ei:

»O sink hernieder Liebesnacht,
o selger Wahn, der trunken macht!
O Tristan, liebster Tristan mein,
nicht irdisch mehr dünkt mir dies Sein!«

Grad grührt habns alle zwoa im Schmoiz,
und wer's net anders kennt, dem gfoit's.
Er hat heut früah mit letzter Kraft
den Weg zur Insl grad no gschafft.
Er woit no ruadern bis nach Prien,
des war zum Schluß dann nimmer drin.
Sie steigt in ihran Liebeswahn
gegn Mittag zua in einen Kahn
und fahrt eahm nach in Richtung Prien
und siecht sein Kahn am Ufer liegn,
steigt aus und schmeißt se glei auf eahm
– und jetzt liegns da und redn vom Sterbn.

Habts nur koa Angst, es liabe Leut,
de Gschicht endt net in Traurigkeit!

Der Tristan sagt: »Isolde mein,
auch wenn ich tot bin, bin ich dein!«
Dann hat er no an Schnaufrer gmacht:
»O sink hernieder Liebesnacht!«
Der Bluatverlust, der hatn gschlaucht,
so hat er sanft sei Lebn ausghaucht.

D' Isolde bricht in Tränen aus.
»Dein bin ich übern Tod hinaus!

O Tristan mein, verlaß mich nicht,
dein Scheiden mir das Herz zerbricht!«
So stirbt auch sie in ihrer Not
den ach so süßen Liebestod.

✳

Und dann, i sag's euch, liabe Leut,
is nix mehr wia de höchste Freud.
Denn überm Fels der Kampnwand
da leucht a feuerroter Brand,
da duat se bis in d' Woikn nauf
der Richard-Wagner-Himme auf:

D' Frau Venus liegt am Kanapeee,
daß nackad is, des woaß ma eh.
A Ritter flackt im Liebesnest
und saugt se an ihrm Busn fest.

Der Holländer is aa dogwen,
er is bei seiner Zenze glegn
und schmust mit ihr, der oide Bock
und sauft nebnher an steifn Grog.

Der Stolzing sitzt am stillen Herd,
hat 's Preisliad auf der Plattn ghört
und sagt zur Eva glei danebn:
»Mir san no Liadermacher gwen!
Wer heut so rumlaaft in der Brasch,
dem zoiat i koan Pfenning Gasch!«

Der Wotan auf seim Poisterstui,
der sagt: »I dua jetzt, was i wui.

Bin froh, daß i koa Gott mehr bi!«
und dämmert gmüatlich vor sich hi.

De Elsa sitzt beim Lohengrin
und fragt: »Waarst wirkle bei mir bliebn,
wenn i net gfragt hätt, wiast du hoaßt?
Des daat i scho gern wißn, woaßt!«
Da lacht der Lohengrin und sagt:
»Es war scho recht, daßd mi hast gfragt.
Mir zwoa waarn oid worn ohne Schwung,
und da herobn bleibst ewig jung!«

Der Vater Rhein sitzt aufm Fels
und trinkt vergnügt a Hoibe Hells.
»Floßhilde«, sagt er, »bleib moi da!
Woglinde und Wellgunde aa!
Seids froh, daß nimmer untn seids,
der Rhein is dreckad, daß euch speibts,
wennts schwimma müaßats in der Brüah;
seids gscheit und bleibts herobn bei mir!«

Der Siegfried is beim Dracha gwen,
hat eahm a fette Bluatwurst gebn.
Drauf hat der schee a Mannderl gmacht
und Feuer gspiebn, daß alles lacht.

Auf einem Zackn hoch am Berg
sitzt Alberich, der Gartnzwerg.
Er is a weng vertrottlt scho
und freut se, daß er zaubern ko.
Er setzt an Tarnhelm auf und schreit:
»Jetzt sehgts mi nimmer, liabe Leut!
Schaugts her, jetzt dua i'n wieder ro
– und bi auf oamoi wieder do!«

Der oide Schwan vom Lohengrin
schaugt etwas traurig vor sich hin.
Er hat scho beßre Zeitn gsehng.
»De Leut, de daatn mi scho mögn,
koa Vogl is so schee wia i!
Nur grad de Herrn von der Regie,
de habn für Schönheit ja koa Hirn
und dean mi dauernd abstrahiern!«

D' Sieglinde richt a Brotzeit her;
der Siegmund sagt: »Der Rippenspeer,
der hat fei arg vui Knocha, woaßt!«
und ziahgt sei Schwert, des Nothung hoaßt,
haut auseinander mit oan Wisch
den Batzn Fleisch mitsamt an Tisch.

Und so habn alle eahna Freud.
D' Brünnhilde putzt ihr Panzerkleid
und sagt: »Es is a bisserl eng,
i hab's net gern, des Neigezwäng;
moi schaugn, ob se was anders schickt,
des net so zammabaazt und zwickt.
Wia hoaßt des neue Sprücherl nur? –
Ach ja! ›Triumph krönt die Figur!‹«

Und ganz obn drobn, schee in der Mitt,
ein Haflinger – Walkürenritt!

Der Wotan schreit auf oamoi laut:
»Paßts auf, moi alle heragschaut!
Da untn kemma nomoi zwoa,
de paßn guat in unser Gmoa.
Habts ghört, do unt, kemmts aufa do!
Ihr zwoa, ihr gehts uns grad no o!«